23
천재 발명가 다이달로스가 만든 미궁

주니어RHK

신화의 가치

신화는 한 민족의 기원이나 역사적 · 종교적 · 문화적 삶의 모습을 보여 주는 옛이야기입니다. 주로 신과 영웅에 관한 이야기가 많고, 오랫동안 입에서 입으로 전해 내려왔다는 특징이 있지요.

우리가 살펴볼 그리스 로마 신화는 고대 그리스와 로마에 전해 오는 신화와 전설을 한데 묶은 것입니다. 그리스 로마 신화는 고대의 삶을 엿보게 해 주는 문화유산일 뿐만 아니라, 세계 여러 나라의 문학과 미술에 큰 영향을 끼쳤습니다. 하지만 문화적 가치만큼이나 중요한 것이 또 있습니다. 오래된 옛이야기이면서도 거기에 담긴 교훈적 가치가 오늘날에도 여전히 쓸모 있고 중요하다는 사실입니다.

놀랍지 않나요? 수천 년 전의 이야기가 어떻게 과학 문명이 고도로 발달한 오늘날에도 통하는 것일까요? 그것은 바로 그리스 로마 신화에 나오는 신과 영웅의 모습이 오늘날 우리의 모습과 다르지 않기 때문입니다. 신들도 우리처럼 분노하고, 질투하고, 실수를 하지요. 그런 모습을 보면서 우리는 깔깔 웃거나 눈물을 흘리고, 교훈과 감동을 얻습니다. 우리가 그리스 로마 신화를 읽어야 하는 까닭이 바로 이것입니다.

신화의 세계로 떠날 여러분에게 한마디 덧붙이자면, 신화는 우리에게 끝없는 상상력을 요구한다는 점입니다. 신화 속에는 수많은 은유와 상징이 곳곳에 널려 있지요. 따라서 신화를 읽을 때에는 상상력을 최대한 발휘하여 신화 속에 숨겨진 의미를 찾고, 그것을 자기 나름대로 재해석하는 과정이 필요합니다. 이렇게 읽었을 때에야 비로소 여러분 앞에 놀라운 삶의 이야기가 펼쳐질 것입니다.

자, 그럼 흥미진진한 신화의 세계 속으로 함께 떠나 볼까요?

아테나이에는 뛰어난 발명가 다이달로스가 살았습니다.
세상을 깜짝 놀라게 할 만큼 뛰어난 발명가였지만
인간의 어리석음을 이기지 못해 호된 시련과 갈등을 겪게 됩니다.
신처럼 무한한 능력을 가진 뛰어난 발명가가 되고 싶었던 다이달로스.
하지만 신은 다이달로스의 바람을 그냥 두고 보지 않았습니다.
발명가 다이달로스의 천재적인 재능이
과연 어떤 결과를 낳을지 그의 뒤를 따라가 볼까요?

주요 등장인물

탈로스

다이달로스의 조카로
발명에 뛰어난 재능을 보이지만
일찍 죽게 돼요.

다이달로스

아테나이에서 태어난 뛰어난
발명가예요. 크레타 섬에
미궁을 만들어요.

이카로스

다이달로스의 아들이에요.
공주 아리아드네에게
미궁을 빠져 나가는 방법을
알려 줘요.

아리아드네

미노스 왕의 딸이에요.
테세우스를 보고 한눈에 반해
미궁을 빠져나오는 방법을 알려 줘요.

미노스 왕

크레타 왕국의 왕이에요.
아테나이에서 쫓겨난 다이달로스를
받아들여요. 바다의 신 포세이돈의
저주를 받아요.

미노타우로스

'미노스의 소'란 뜻이에요.
미노스 왕의 아내, 파시파에 왕비에게서
태어났지만 포세이돈의 저주를 받아
머리는 황소, 몸은 사람이에요.

1
아테나이 최고의 발명가

'저 녀석이 좀 더 자라면
나를 제치고 최고의 발명가가 될지도 몰라.
그럼 나는 어떻게 되는 거지?'

오랜 옛날, 그리스의 아테나이에 다이달로스라는 사람이 살았습니다. 다이달로스의 조상은 대장간의 신 헤파이스토스였습니다. 그래서인지 다이달로스는 손재주가 남달랐습니다.

어릴 때에는 찰흙이나 나뭇가지로 이것저것 만들기를 좋아했고, 커서는 구리와 쇠, 돌을 이용해서 멋진 집과 아름다운 장식품을 만들었습니다. 또 도끼, 송곳, 자, 못 같은 도구를 만들기도 하고, 접었다 폈다 하는 *돛을 만들기도 했습니다. 마을 사람들을 위해서는 갖가지 가구를 만들기도 했습니다.

"정말이지 신께서 다이달로스에게 귀한 재능을 내려 주셨어."

*돛 바닥에 세운 기둥에 매어 펴 올리고 내리고 할 수 있도록 만든 넓은 천.

사람들은 다이달로스가 만든 것들을 보며 솜씨를 칭찬했습니다. 또 그가 만든 신들의 조각상을 본 사람들은 모두 탄성을 질렀습니다.

"숨만 쉬지 않았지 정말 신과 똑같아."

*도끼뿔 도끼날의 반대쪽.

발명가 다이달로스

다이달로스는 '쪼개어 만드는 자' 또는 '손재주가 좋은 자'라는 뜻이에요. 지혜의 여신이자 공예의 여신 아테나는 다이달로스를 아껴 신전 한 귀퉁이를 빌려 주었어요. 그러고는 사람들에게 쓸모 있는 물건을 만들어 주라고 했지요. 다이달로스가 만든 편리한 발명품은 매우 많았어요. 접거나 펼 수 있는 돛, 내리막길에서 브레이크를 걸 수 있는 수레, 자루 구멍이 있는 *도끼뿔 등이었지요.

어느 날, 다이달로스의 누이가 조카를 데리고 왔습니다.

"오빠, 제 아들 탈로스예요. 이 아이도 손재주가 뛰어나니 곁에 두고 오빠처럼 훌륭한 발명가로 키워 주세요."

"좋아. 내 조카가 뛰어난 재능이 있다는 건 기쁜 일이지. 내가 돌보면서 가르치마."

다이달로스는 탈로스를 제자로 삼기로

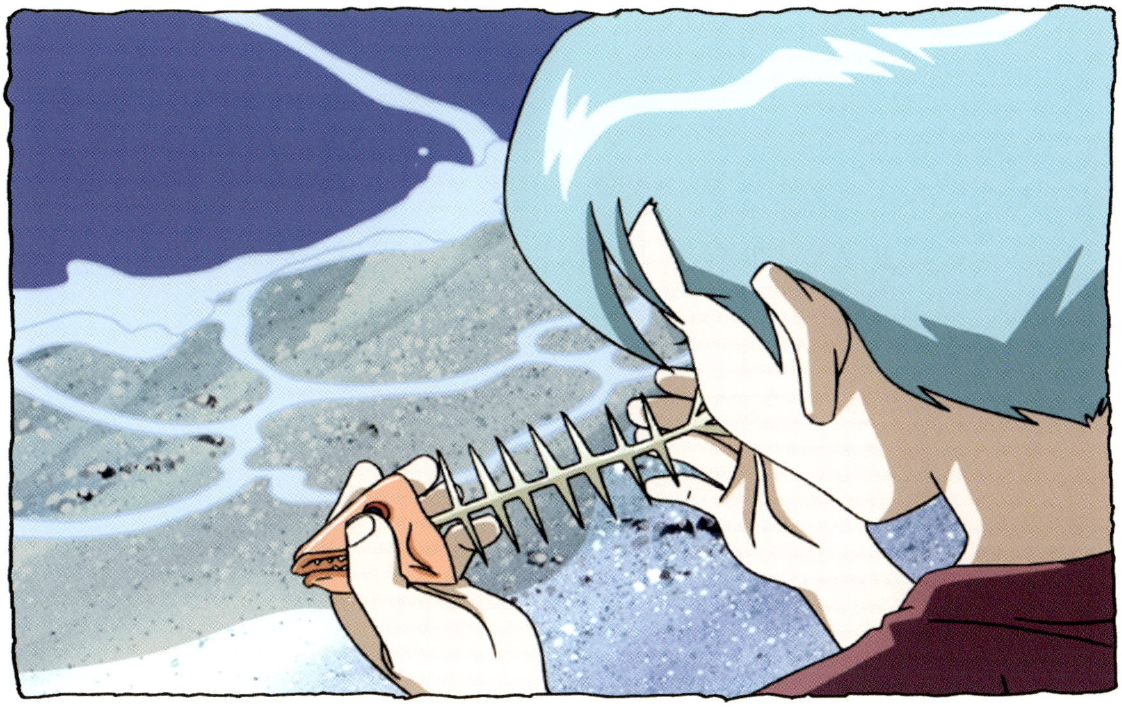

했습니다. 그러나 다이달로스는 너무 바빠서 조카의 손재주를 눈여겨볼 겨를이 없었습니다.

탈로스라는 이름의 뜻은 '피해자', '*수난자' 라는 뜻으로 앞으로 탈로스에게 닥칠 어두운 미래를 *암시하고 있었습니다. 탈로스는 얌전한 아이였습니다. 언제나 조용히 산책을 하고 골똘히 생각을 하며 시간을 보냈습니다. 탈로스는 길을 가다가도 물건을 주워 뚫어져라 들여다보았습니다. 머릿속으로 늘 무슨 생각을 하는 것 같았지만 좀처럼 생각을 알 수 없었습니다.

*수난자 견디기 힘든 어려움을 당한 사람.
*암시 넌지시 알림. 또는 그 내용.

탈로스가 다이달로스의 집에 온 지 두어 달쯤 지났을 때였습니다.

"삼촌, 제가 만든 것 좀 봐 주세요."

탈로스는 도구 하나를 다이달로스에게 내밀었습니다. 다이달로스는 생전 처음 보는 물건이었습니다.

탈로스가 만든 도구는 날카로운 이빨이 붙어 있는 뱀의 턱뼈처럼 얇은 철판에 뾰족뾰족한 이빨 모양이 나 있었습니다.

"이것으로 나무를 자를 수 있어요. 물고기 등뼈를 본떠서 만들었어요."

과연 탈로스가 만든 도구로 자르니 힘 들이지 않고 쉽게 나무를 자를 수 있었습니다. 다이달로스는 조카 탈로스가 자랑스러웠습니다. 아무것도 가르쳐 주지 않았는데도 신기한 도구를 생각해 내다니 과연 다이달로스의 조카다웠습니다.

“호오, 아주 잘 만들었구나. 이것을 톱이라고 하자.”

탈로스의 상상력은 여기서 그치지 않았습니다. 얼마 뒤에는 반듯하게 원을 그릴 수 있는 컴퍼스를 만들었습니다. 또 그 뒤에는 이상하게 생긴 물건을 가져왔습니다.

"이 물건은 무엇이냐?"

다이달로스가 물었습니다.

"이것을 돌려서 그릇을 빚을 수 있어요."

다이달로스는 새로운 것을 생각하고 만들어 내는 탈로스의 능력에 깜짝 놀랐습니다. 사람들은 탈로스를 보고 삼촌 다이달로스와 견주며 칭찬하기 시작했습니다.

"아니, 저렇게 어린 아이가 훌륭한 발명을 하다니 정말 대단하군."

"삼촌 다이달로스가 하나도 가르쳐 주지 않았는데도 저 정도래요."

마침내 다이달로스 귀에도 탈로스를 칭찬하는 소리가 들렸습니다.

'나이도 어린 녀석이 정말 대단하군. 내가 전혀 생각하지도 못한 것들을 척척 만들어 내다니!'

다이달로스는 똑똑한 제자가 자랑스러웠지만 한편으로 마냥 기쁘지만은 않았습니다.

'저 녀석이 좀 더 자라면 나를 제치고 최고의 발명가가 될지도 몰라. 그럼 나는 어떻게 되는 거지?'

다이달로스는 탈로스가 점점 두려워졌습니다. 그것도 모른 채 탈로스는 날마다 새로운 생각으로 다이달로스의 마음을 어지럽혔습니다.

"삼촌, 사람은 왜 새처럼 날 수 없을까요? 혹시 커다란 날개를 달면 날 수 있지 않을까요?"

탈로스는 다이달로스를 뛰어넘는 생각을 하고 또 발명품을 만들어 냈습니다. 다이달로스는 모두 자신이 가르쳐 주었다고 이야기했지만, 사람들은 이 말을 믿지 않았습니다. 다이달로스는 점점 괴로웠습니다.

그러던 어느 날, 다이달로스가 바닷가 절벽에 서 있는 탑을 살펴보고 있을 때였습니다. 탈로스가 다가왔습니다.

"삼촌, 여기서 무얼 하세요?"

"탑이 낡아서 새로 지을까 생각 중이다."

탈로스는 탑에 흥미를 느끼고 탑 위로 올라가기 시작했습니다. 그때 다이달로스는 탑 *난간에 금이 가 있는 것을 보았습니다. 그는 탈로스가 위험하다는 것을 알았지만 애써 말하지 않았습니다.

'*영특한 녀석이니 어련히 잘 알아서 할까.'

그때 탈로스의 비명이 들렸습니다.

*난간 층계, 다리, 마루 따위의 가장자리에 일정한 높이로 막아 세우는 구조물. 사람이 떨어지는 것을 막거나 장식으로 설치한다.
*영특한 남달리 뛰어나고 훌륭한.

"으악!"

난간이 무너지면서 탈로스가 떨어진 것입니다.

하지만 이상한 일이 일어났습니다. 탈로스의 몸은 바위에 부딪히기 바로 전에 *자고새로 변했습니다. 자고새는 날아올라 빙빙 돌면서 큰 소리로 울었습니다. 어쩐지 그 울음은 다이달로스에게 불행의 시작을 알리는 것 같았습니다.

자고새로 변한 탈로스

다이달로스의 조카 탈로스는 바닥에 떨어지기 전에 자고새로 변했어요. 전부터 탈로스를 눈여겨본 아테나가 탈로스가 죽지 않도록 새로 변신시켰던 거예요. 지혜의 여신 아테나는 지혜로운 인간을 무척 좋아했다고 해요. 탈로스가 변한 자고새는 높은 곳에서 떨어진 경험이 있어서인지 하늘 높이 날지 않으며 높은 나무 꼭대기에도 집을 짓지 않는다고 해요.

*자고새 꿩과에 속하는 새.

다이달로스가 탈로스를 죽게 내버려 뒀다는 소문이 아테나이에 쫙 퍼졌습니다.

"다이달로스가 탈로스를 죽인 거나 마찬가지야."

"자기보다 뛰어난 발명가가 될까 봐 두려웠던 거겠지."

확실한 증거는 없었지만 모두 다이달로스가 탈로스에게 나쁜 짓을 했다고 믿었습니다.

다이달로스는 더는 아테나이에서 살 수 없었습니다. 며칠 뒤, 다이달로스는 모두가 잠든 새벽에 배를 타고 정들었던 고향 아테나이를 떠났습니다. 외로운 다이달로스의 곁을 지키는 것은 아들 이카로스뿐이었습니다.

2
크레타 섬에 간 다이달로스

"위대한 미노스 왕이시여, 저를 받아 주십시오.
저는 무엇이든 만들어 내는 다이달로스입니다.
저를 받아 주시면 크레타 왕국을 위해 열심히 일하겠습니다."

떠돌던 다이달로스가 도착한 곳은 크레타 섬이었습니다. 크레타 섬은 미노스 왕이 다스리고 있었습니다. 다이달로스는 미노스 왕에게 엎드려 빌었습니다.

“위대한 미노스 왕이시여, 저를 받아 주십시오. 저는 무엇이든 만들어 내는 다이달로스입니다. 저를 받아 주시면 크레타 왕국을 위해 열심히 일하겠습니다.”

미노스 왕은 다이달로스의 뛰어난 실력을 이미 알고 있었습니다. 그래서 기꺼이 다이달로스를 받아들였습니다.

“그대의 *명성은 나도 이미 들어 알고 있노라. 내 그대를 받아들일 테니 이곳 크노소스 궁전에서 지내면서 훌륭한 발명품을 만들도록 하여라.”

미노스 왕은 다이달로스를 위해 잔치를 열어 주었습니다.

그 뒤로 다이달로스는 미노스 왕을 위해 수많은 건물과 여러 가지 발명품을 만들었습니다. 미노스 왕은 그런 다이달로스를 무척 아꼈습니다.

*__명성__ 세상에 널리 퍼져 평판 높은 이름.

다이달로스는 안정을 되찾았고 모든 것이 평화로운 듯 보였습니다. 하지만 미노스 왕에게는 큰 고민거리가 하나 있었습니다.

미노스 왕은 언젠가 바다의 신 포세이돈을 속였던 일이 있습니다.

예전에 포세이돈이 미노스 왕에게 하얀 소를 제물로 바치도록 요구했습니다. 마침 미노스 왕에게는 하얀 소가 딱 한 마리 있었습니다. 하지만 그 소를 바치고 싶지 않았습니다.

'아무리 바다의 신이라고 해도 한 마리밖에 없는 흰 소를 줄 수는 없어. 나도 따지고 보면 제우스 신의 아들이 아닌가!'

미노스 왕은 다른 황소를 한 마리 골라 흰 소로 꾸며서 포세이돈에게 제물로 바쳤습니다. 과연 포세이돈은 미노스 왕에게 속아 넘어갔을까요?

포세이돈은 곧 미노스 왕이 자신을 속였다는 것을 알았습니다.

“감히 바다의 신인 나를 속여? 미노스, 앞으로 닥칠 *재앙을 각오해라.”

포세이돈은 미노스 왕이 아들이 없어 괴로워한다는 걸 알고는 무서운 저주를 내리기로 했습니다.

“소를 닮은 아들을 낳게 해 주마!”

미노스 왕은 그 저주를 대수롭지 않게 여겼습니다. 하지만 포세이돈의 저주는 이루어졌고, 파시파에 왕비는 소를 닮은 무서운 괴물을 낳았습니다. 왕비가 낳은 이 괴물을 사람들은 ‘미노타우로스’라고 불렀습니다. 미노타우로스란 ‘미노스의 소’란 뜻이었습니다.

*재앙 뜻하지 아니하게 생긴 불행한 일이나 사고.

파시파에 왕비와 흰 소

〈파시파에와 나무로 만든 소〉 볼프강 리거

바다의 신 포세이돈은 자신을 속인 미노스 왕에게 복수를 했어요. 파시파에 왕비가 흰 소를 사랑하게 만들어 미노타우로스를 낳게 한 것이지요. 신을 속인 미노스 왕도 어리석지만, 포세이돈이 내린 벌이 너무 가혹해 보이기도 해요.

미노타우로스는 온 크레타 섬을 불안과 공포 속에 몰아넣었습니다. 성격이 매우 *포악해서 닥치는 대로 부수고 동물과 사람들을 마구 잡아먹었기 때문입니다.

사람들은 점점 공포에 떨었고 미노스 왕에 대한 불만이 많아졌습니다. 미노스 왕은 세상 사람들로부터 더 이상 망신을 당하고 싶지 않았습니다.

"다이달로스! 지금부터 *미궁을 만들어라. 한 번 들어가면 신이라도 절대 빠져나올 수 없는 복잡한 미궁을 만들란 말이다."

***포악하다** 사납고 악하다.
***미궁** 들어가면 나올 길을 쉽게 찾을 수 없게 되어 있는 곳.

크레타 섬의 황소 숭배

크레타 섬의 크노소스 궁전에는 황소와 위험한 경기를 벌이는 장면이 담긴 벽화가 있어요. 크레타에서는 황소를 높이 떠받드는 풍습이 있었다고 해요. 미노타우로스의 신화도 황소를 숭배했던 그곳의 문화에서 빚어진 이야기일지도 모른답니다.

다이달로스는 공을 들여 열심히 미궁을 만들었습니다. 한참 지나 드디어 미궁이 완성되었습니다. 수없이 꼬부라지는 복도와 수백 개의 방, 똑같이 생긴 벽과 똑같이 생긴 바닥……. 얼마나 정교하게 만들었는지 세상에서 *미로 찾기를 가장 잘하는 사람이라 하더라도 도저히 빠져나올 수 없어 보였습니다.

미노스 왕은 미궁을 보고 매우 만족했습니다.

"아주, 좋아. 이곳을 빠져나가는 방법을 아는 건 자네밖에 없는 게 확실하지?"

"물론입니다. 그런데 이 미궁은 무엇에 쓰시려는지요……."

 *미로 어지럽게 갈래가 져서, 한 번 들어가면 다시 빠져나오기 어려운 길.

미노스 왕은 다이달로스에게 미노타우로스에 대한 이야기를 꺼냈습니다.

“자네도 황소 괴물, 미노타우로스 이야기를 들어보았나?”

“미노타우로스라면 익히 들어 알고 있습니다.”

“바로 그 괴물을 이곳에 가둘 걸세. 이 정도면 미노타우로스가 빠져나오지 못하겠지!”

미노스 왕은 미궁의 이름을 라비린토스라고 짓고, 미노타우로스를 그곳에 가두었습니다.

미노타우로스는 밖으로 나오는 길을 찾지 못하고 그 속에 영영 갇혀 버렸습니다. 끔찍한 괴물이 눈앞에서 사라지자, 크레타 사람들은 *안도의 한숨을 내쉬었습니다.

*__안도__ 어떤 일이 잘 진행되어 마음을 놓음.

3
크레타 섬의 미궁

"걱정 마세요, 아버지. 제가 미노타우로스를
반드시 무찌르고 살아서 돌아오겠습니다."
아테나이의 왕자 테세우스는 굳은 결심을 하고
크레타 섬으로 떠날 채비를 했습니다.

미궁에 갇힌 미노타우로스에게 제물을 바칠 때가 다가왔습니다. 미노스 왕은 미노타우로스를 미궁에 가둔 대신 해마다 그에게 젊은이들을 제물로 바쳤습니다.

그동안 미궁 속에 제물로 바쳐진 아테나이 젊은이들은 한 사람도 미궁을 빠져나오지 못했습니다. 아테나이는 전쟁에서 크레타에게 진 뒤로, 해마다 젊은 남녀 일곱 명씩을 뽑아 크레타 섬에 제물로 바쳐야 했습니다.

테세우스는 아버지를 찾아 트로이젠에서 아테나이로 올 때 만났던 백성들을 떠올렸습니다.

'더 이상 아까운 젊은이들을 미노타우로스의 제물로 바칠 수는 없어.'

아테나이의 왕자 테세우스는 스스로 미노타우로스의 제물이 되겠다고 나섰습니다. 아버지 아이게우스 왕은 깜짝 놀랐지만 나라를 위하는 테세우스를 말릴 수는 없었습니다.

"걱정 마세요, 아버지. 제가 미노타우로스를 반드시 무찌르고 살아서 돌아오겠습니다. 우리가 크레타에 패배한 아픔도 다 갚아 주고 오겠습니다."

아테나이의 왕자 테세우스는 굳은 결심을 하고 크레타 섬으로 떠날 채비를 했습니다.

한편 아버지가 만든 미궁을 보며 이카로스는 늘 궁금했습니다.

"아버지, 미궁에 들어가면 정말 아무도 빠져나올 수 없어요?"

"그래, 내가 만들었지만 나도 빠져나오는 길을 알 수 없단다."

다이달로스가 대답했습니다.

"믿어지지 않아요. 들어가면 반드시 나오는 길이 있을 텐데요. 아버지는 알고 계시죠? 제게만 살짝 알려 주세요."

이카로스는 호기심이 많은 소년이어서 한번 궁금한 것은 꼭 알아내야 마음이 풀렸습니다. 다이달로스는 그런 아들이 걱정되었습니다.

“이카로스야, 호기심이 지나치면 큰일을 만날 수도 있단다.”

하지만 아들의 물음에 무엇이든 대답해 주곤 했던 다이달로스는 결국 이번에도 모른 척 지나칠 수가 없었습니다.

“이번만 말해 줄 테니 절대 아무에게도 말해서는 안 된다.”

다이달로스가 주위를 살피고는 낮은 목소리로 말했습니다.

"미궁을 빠져나오려면 *실타래를 들고 들어가면 된단다."

"실타래라고요?"

"그래, 입구에서부터 실을 풀면서 들어간 뒤에 다시 그 실을 따라 나오는 거지."

이카로스는 무릎을 쳤습니다.

'아, 그런 방법이 있었구나. 역시 아버지는 알고 계셨던 거야.'

미로 탈출 방법을 알게 된 이카로스는 무척 기뻤습니다. 다이달로스는 이카로스에게 몇 번이고 비밀을 지키겠다는 다짐을 받았습니다.

"그럼요, 아버지. 걱정 마세요."

이카로스는 신이 나서 대답했습니다.

*__실타래__ 실을 쉽게 풀어 쓸 수 있도록 한데 뭉치거나 감아 놓은 것.

4
아리아드네의 실

아리아드네는 이카로스를 불러 간절히 말했습니다.
"이카로스야, 미궁을 빠져나가는 방법을 제발 알려 주렴.
아무 죄 없는 젊은이들이 괴물의 먹이가 되게 할 수는 없잖니."

테세우스와 청년들이 크레타 섬으로 떠나는 날이 되었습니다. 모두 표정이 슬펐지만 테세우스는 굳게 마음을 먹었습니다.

"반드시 미노타우로스를 무찌르겠습니다. 우리 아테나이 사람들이 얼마나 강한지 꼭 보여 주고 오겠습니다."

테세우스는 배에 오르기 전에, 델포이에 있는 아폴론 신전에 가서 기도했습니다. 만약 무사히 돌아올 수 있게 해 준다면, 해마다 많은 제물을 바치겠다고 약속했습니다.

이 모습을 지켜보던 아이게우스 왕은 마음이 무거웠습니다.

바다 건너 죽음이 기다리는 곳으로 아들과 젊은이들을 떠나보내는 것이 쉽지 않았습니다.

커다란 배에 검은 돛이 올랐습니다.

"아버지, 반드시 무사히 살아서 돌아오겠습니다. 돌아올 때에는 하얀 돛을 달고 오겠습니다."

테세우스는 아이게우스 왕에게 굳게 맹세하고 커다란 배에 올랐습니다.

드디어 테세우스 *일행이 크레타 섬에 도착했습니다. 그들은 곧바로 미노스 왕 앞으로 끌려갔습니다.

"왕이시여, 올해의 제물로 뽑힌 젊은이들입니다."

신하가 *아뢰었습니다.

미노스 왕은 테세우스를 보았습니다.

'테세우스 왕자도 끼어 있군. 미노타우로스를 죽이려고 온 게 틀림없어. 하지만 제아무리 영웅이라 해도 미노타우로스를 쓰러뜨릴 수는 없지. 게다가 미궁을 빠져나가기란 더더욱 힘들걸.'

한편 미노스 왕의 딸, 아리아드네도 아버지 곁에서 테세우스를

*일행 함께 길을 가는 사람들의 무리.
*아뢰다 말씀드려 알리다.

지켜보고 있었습니다.

'저렇게 멋진 분이 제물이 되어야 하다니!'

아리아드네는 테세우스를 보고 한눈에 반해 버렸습니다. 그래서 그녀는 테세우스를 어떻게 해서든 살려 주어야겠다고 마음먹었습니다.

아리아드네는 어떤 방법으로 테세우스를 살릴 수 있을까 고민했습니다. 그 방법을 아는 사람은 미궁을 만든 다이달로스뿐이라고 생각하고 다이달로스를 찾아갔습니다.

"다이달로스, 테세우스를 살려 주세요. 제발 미궁에서 빠져나올 수 있는 방법을 알려 주세요."

그러자 다이달로스는 한숨을 내쉬며 말했습니다.

"공주님, 미궁에서 빠져나올 수 있는 사람은 아무도 없어요. 저도 그 방법을 모른답니다. 행여 그 방법이 있다고 해도 왕께서 그 사실을 아시면 큰일 납니다."

아리아드네는 힘이 쭉 빠지며 눈물까지 글썽거렸습니다. 다이달로스는 아리아드네를 달래서 돌려보냈습니다.

아리아드네는 몹시 괴로웠습니다.

'정말 방법이 없을까?'

그때 호기심 많은 소년 이카로스가 떠올랐습니다.

미궁을 빠져나가는 방법

아리아드네는 어떻게든 미궁을 빠져나가는 방법을 알려고 했어요. 아리아드네는 가장 먼저 미궁을 설계한 다이달로스를 찾아가지요. 어떤 책에는 다이달로스가 아리아드네를 가엾게 여겨 직접 알려 주었다고 쓰여 있어요. 그래서 훗날 미노스 왕의 화를 더 돋웠다고 하지요. 미노스 왕은 다이달로스를 굳게 믿고 여러 가지 일을 맡겼기 때문에 더욱 배신감이 컸을 거예요.

아리아드네는 이카로스를 불러 *간절히 말했습니다.

"이카로스야, 미궁을 빠져나가는 방법을 제발 알려 주렴. 아무 죄 없는 젊은이들이 괴물의 먹이가 되게 할 수는 없잖니."

이카로스는 잠깐 고민이 되었지만 공주가 너무 가여워서 아버지와의 약속을 어기고 비밀을 말해 버렸습니다.

 ***간절하다** 마음속에서 우러나와 바라는 정도가 매우 절실하다.

“공주님! 이 실타래를 받으세요. 테세우스 왕자에게 미궁에 들어가기 전에 실 뭉치의 한쪽 끝을 문에 묶으라고 하세요. 기억할 수 없을 만큼 많은 모퉁이와 통로를 지나는 동안, 계속해서 실 뭉치를 되감아 가며 나와야 합니다. 그렇게만 한다면, 어린아이라도 되돌아 나올 수 있을 거예요.”

아리아드네의 눈동자가 기쁨으로 반짝였습니다.

“정말 고마워! 이 은혜는 절대 잊지 않을게.”

아리아드네는 실타래를 가지고 서둘러 밖으로 나갔습니다.

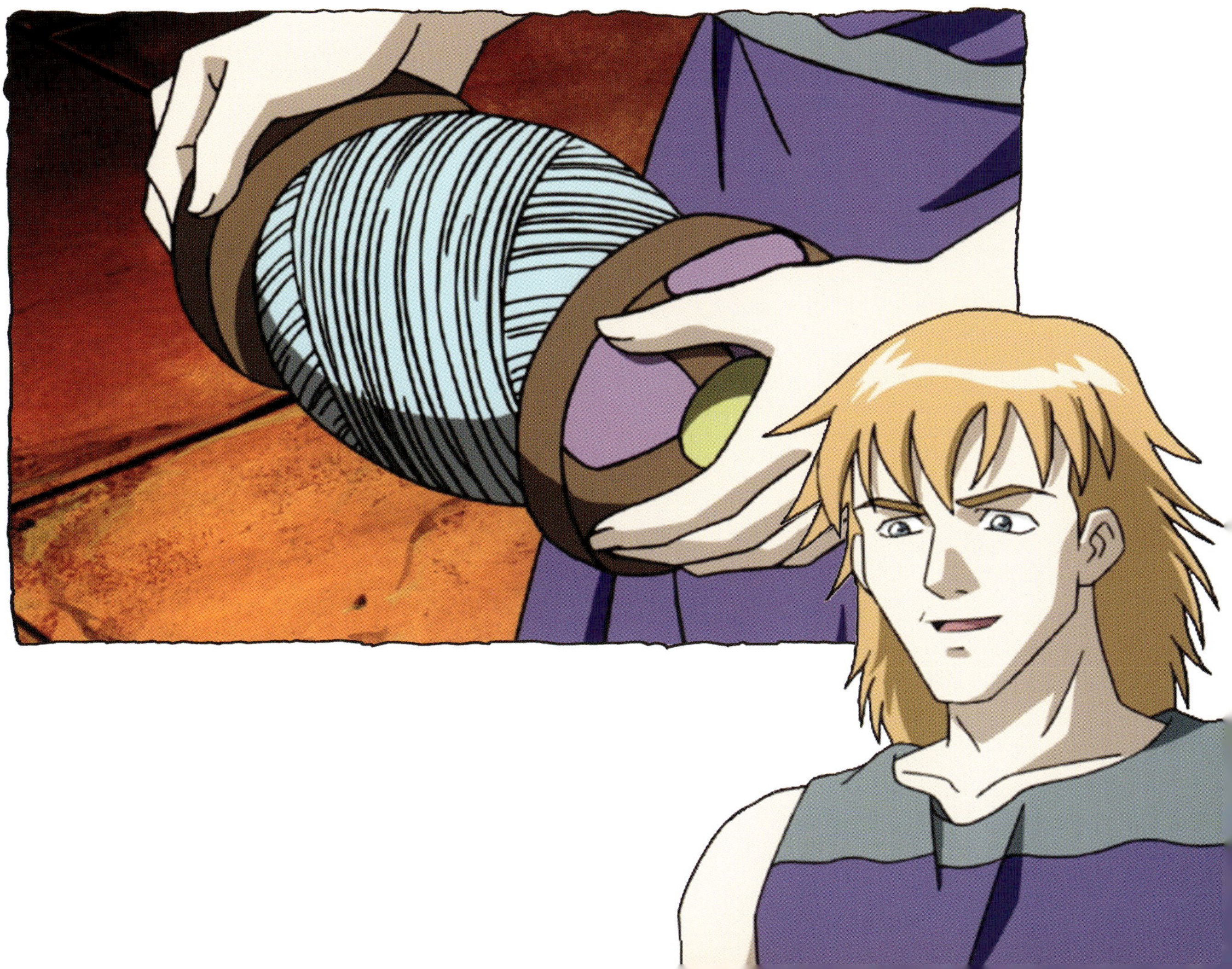

밤이 되자 아리아드네는 몰래 테세우스를 찾아갔습니다. 그리고 테세우스에게 실타래와 칼 한 자루를 건네며 미궁을 빠져나올 수 있는 방법을 알려 주었습니다.

"그런데 아리아드네 공주님. 왜 저를 도와주시는 건가요? 미노스 왕이 알면 큰일 날 텐데요."

테세우스의 물음에 아리아드네의 얼굴이 붉게 달아올랐습니다.

"당신을 처음 본 순간 사랑하게 되었어요."

테세우스 역시 아리아드네의 아름다운 모습을 보고 마음이 끌렸습니다. 두 사람은 바닷가에서 다시 만날 약속을 하고 아쉽게 헤어졌습니다.

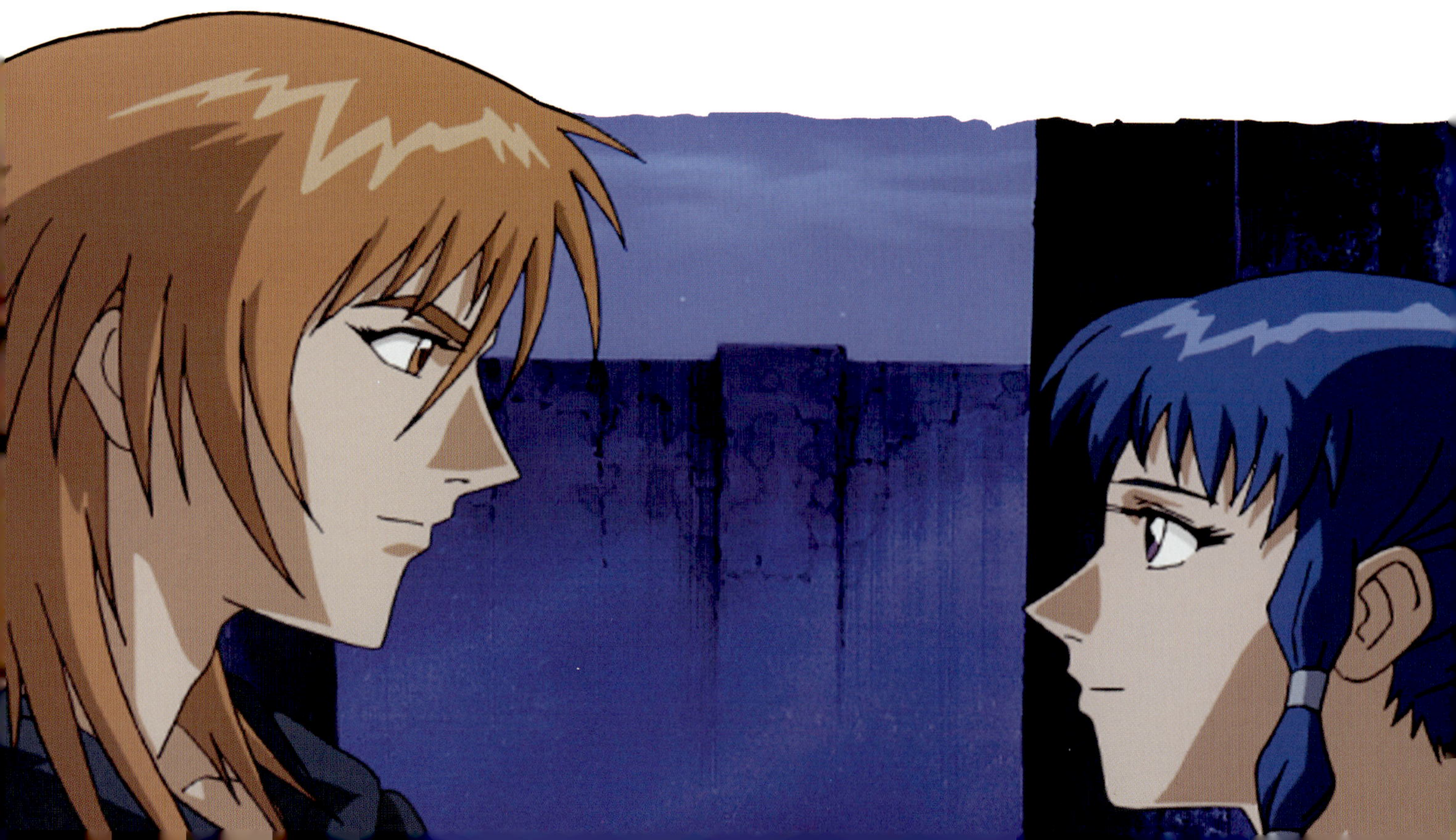

테세우스를 사랑한 아리아드네

〈아리아드네와 테세우스〉 장 바티스트 르뇨

아리아드네가 테세우스에게 실타래와 칼을 건네주며 반드시 살아 돌아오라고 당부하고 있어요. 훗날 '아리아드네의 실'은 어려운 문제를 푸는 방법이나 물건이라는 의미로 통하게 되었답니다.

테세우스는 어두컴컴한 미궁 안으로 성큼성큼 들어갔습니다. 아리아드네가 건네준 실 뭉치와 칼이 있어서 더욱 용기와 자신감이 생겼습니다. 아테나이의 젊은이들도 테세우스의 뒤를 따라 조심스럽게 들어갔습니다.

"겁먹지 말고 나를 따르라. 우리는 반드시 살아서 돌아간다."

테세우스는 용감하게 앞으로 나섰습니다.

때마침 미노타우로스가 잠에서 깼습니다. 미궁에 울려 퍼지는 사람들의 발소리를 들은 것입니다. 요란한 소리를 지르며 미노타우로스가 테세우스와 아테나이 젊은이들 앞에 나타났습니다.

"모두 피해 있어!"

테세우스는 아리아드네가 준 칼을 치켜들며 외쳤습니다. 미노타우로스와 테세우스의 한판 싸움이 시작되었습니다.

테세우스는 사납게 달려드는 미노타우로스와의 격투 끝에 미노타우로스를 무찔렀습니다. 미노타우로스는 힘없이 땅바닥에 철퍼덕 쓰러졌습니다.

죽을 고비에서 살아난 사람들이 만세를 불렀습니다. 그러고 나서 테세우스는 미로에 들어서면서부터 풀면서 온 실을 따라 걷기 시작했습니다. 마침내 테세우스와 청년들은 미궁을 무사히 빠져나올 수 있었습니다.

그들은 서둘러 아리아드네가 기다리고 있는 바닷가로 갔습니다. 아리아드네는 초조하게 테세우스를 기다리고 있었습니다.

'왜 안 오지? 설마 아버지에게 들킨 것은 아니겠지?'

그때 저 멀리서 테세우스가 달려오는 모습이 보였습니다. 아리아드네는 그제야 마음이 놓였습니다. 아리아드네와 테세우스는 손을 맞잡고 기쁨의 눈물을 흘렸습니다.

이렇게 해서 테세우스는 괴물 미노타우로스를 무찌르고 복잡한 미로도 탈출해서 아리아드네 공주와 함께 무사히 크레타 섬을 빠져나올 수 있었습니다.

하지만 크레타 섬에 남아 있는 다이달로스와 이카로스는 과연 무사할 수 있었을까요?

OLYMPUS GUARDIAN 신화 뒷이야기

다이달로스는 발명의 천재로 알려진 신화 속 인물입니다. 대장간의 신 헤파이스토스의 자손인 만큼 뛰어난 손재주와 재능을 가지고 태어났습니다. 뛰어난 재능으로 빛나는 능력을 발휘할 수 있다는 것은 신이 준 커다란 선물입니다.

다이달로스의 재능은 신과 사람들을 행복하게 해 주었습니다. 편리한 각종 도구와 멋진 건축물, 조각을 만들어 삶을 편하고 아름답게 만들었습니다. 주변 사람들은 이런 다이달로스를 치켜세우고 재주를 칭찬하기에 바빴습니다. 또 부러운 눈으로 바라보았을 것입니다. 이때 다이달로스는 중요한 것을 잃기 시작합니다. 바로 마음의 겸손함입니다. 다이달로스의 재능도 따지고 보면 신들이 준 값진 선물이었지만, 그는 자신감이 지나쳐 점점 스스로를 대단한 존재로 여기게 됩니다. 그래서 다른 사람이 자신보다 더 훌륭한 재주를 가지고 있다는 것을 받아들일 수 없게 되지요.

무엇보다도 그가 저지른 가장 큰 잘못은 조카 탈로스를 죽게 만든 것입니다. 어떤 사람들은 탈로스를 죽게 내버려 뒀다고도 하고, 직접 죽였다고 말하는 사람들도 있습니다. 어찌되었든 다이달로스는 어린 조카 탈로스의 재능을 시기했고, 혼자만 돋보이려고 했던 욕심이 조카의 죽음과 더불어 큰 불행을 가져옵니다. 그 결과 사람들에게 손가락질을 받으며 고향 아테나이에서도 쫓겨나게 되지요. 다이달로스는 좋은 재주는 가졌지만 이것을 담을 지혜로운 생각과 고운 마음씨는 갖지 못했습니다. 만약 조카 탈로스를 잘 보듬고 세상을 위한 여러 발명을 했더라면 이런 일은 생기지 않았을 텐데 말입니다.

복잡한 미궁만큼이나 사람들의 마음은 복잡하고 이해하기 힘들다고들 합니다. 내가 가진 재능은 나만의 것이 아니라 모두 나눠 쓰는 것임을 깨닫고 서로 도우면서 사는 지혜를 기르라고 다이달로스의 이야기가 말해 주는 것 같습니다.

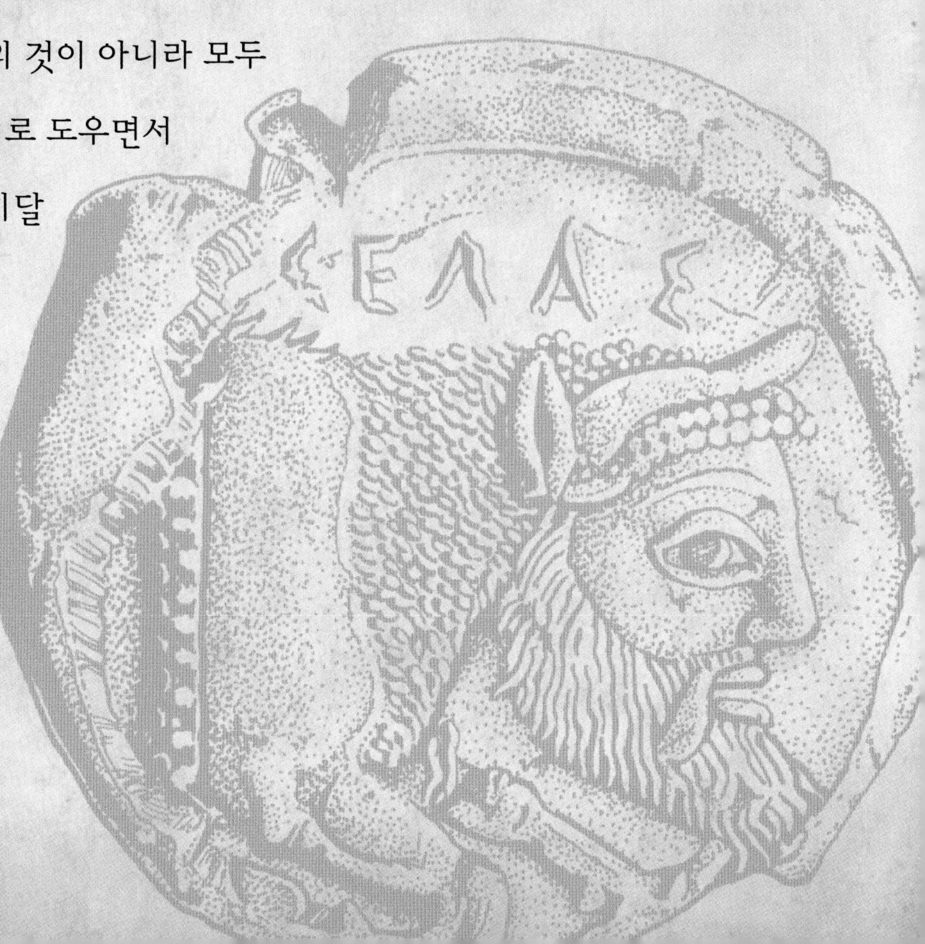

올림포스 신들의 계보

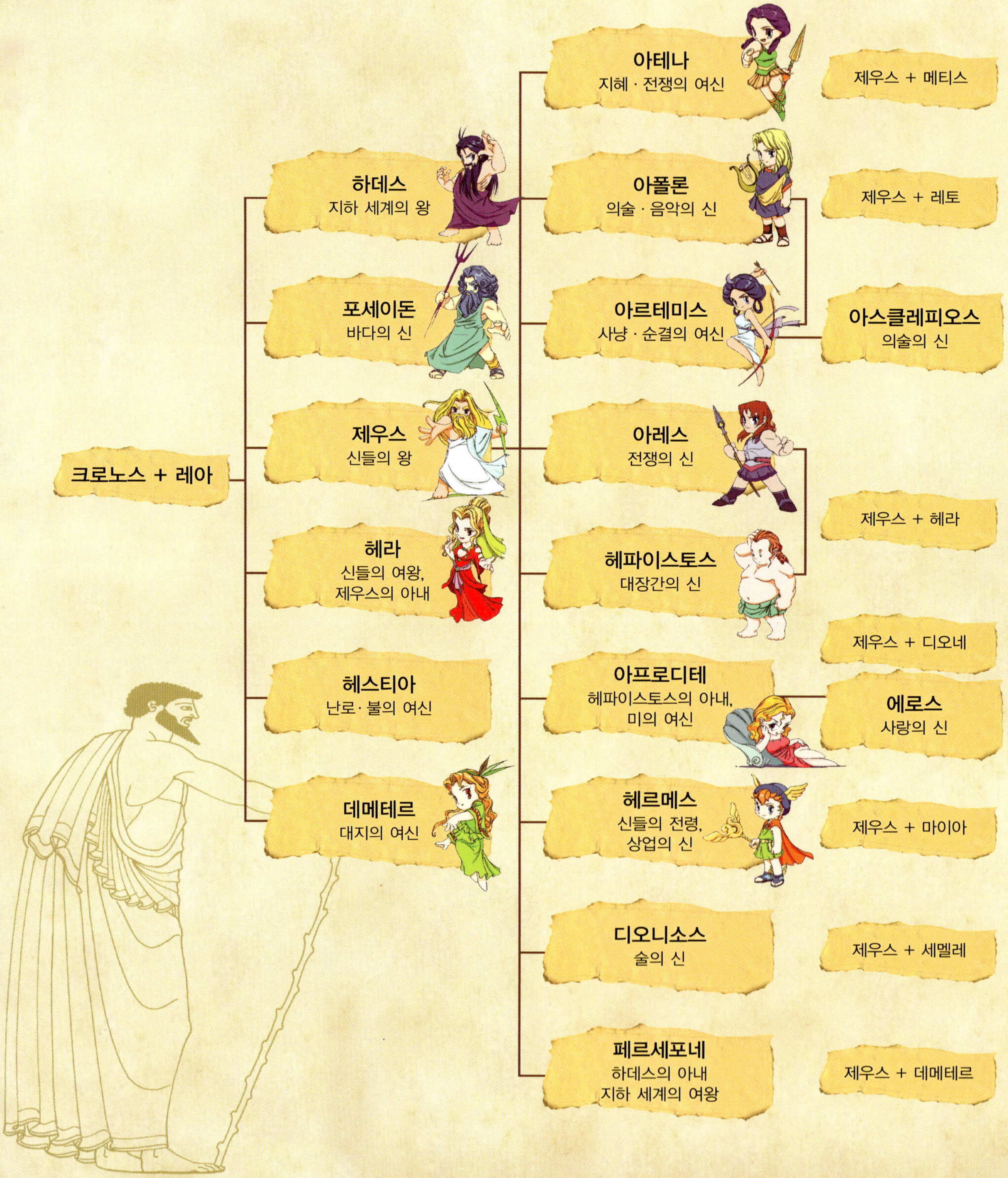
크로노스 + 레아
하데스
지하 세계의 왕
포세이돈
바다의 신
제우스
신들의 왕
헤라
신들의 여왕,
제우스의 아내
헤스티아
난로 · 불의 여신
데메테르
대지의 여신
아테나
지혜 · 전쟁의 여신
제우스 + 메티스
아폴론
의술 · 음악의 신
제우스 + 레토
아르테미스
사냥 · 순결의 여신
아스클레피오스
의술의 신
아레스
전쟁의 신
제우스 + 헤라
헤파이스토스
대장간의 신
제우스 + 디오네
아프로디테
헤파이스토스의 아내,
미의 여신
에로스
사랑의 신
헤르메스
신들의 전령,
상업의 신
제우스 + 마이아
디오니소스
술의 신
제우스 + 세멜레
페르세포네
하데스의 아내
지하 세계의 여왕
제우스 + 데메테르

⚜ 그리스 로마 신화 주요 인물의 이름 ⚜

그리스 어	로마 어	영어
가이아	텔루스	
니케	빅토리아	나이키, 빅토리
데메테르	케레스	세레스
디오니소스	바쿠스	바커스
레아	키벨레	시벨레
아레스	마르스	마스
아르테미스	디아나	다이애나
아테나	아테네, 미네르바	
아폴론	아폴로	아폴로
아프로디테	베누스	비너스
에로스	쿠피드, 아모르	큐피드
오디세우스	울릭세스	율리시스
우라노스	카일루스	유러너스
제우스	유피테르	주피터
크로노스	사투르누스	새턴
페르세포네	프로세르피나	
포세이돈	넵투누스	넵튠
하데스	플루톤	플루토
헤라	유노	주노
헤라클레스	헤르쿨레스	허큘리스
헤르메스	메르쿠리우스	머큐리
헤스티아	베스타	
헤파이스토스	불카누스	벌컨

그리스 로마 신화 올림포스 가디언 23

천재 발명가 다이달로스가 만든 미궁

펴낸이 양원석
펴낸곳 (주)알에이치코리아
등록 2004년 1월 15일 제2-3726호
주소 서울특별시 금천구 가산디지털2로 53, 20층 (한라시그마밸리)
문의전화 02)6443-8800

ISBN 978-89-255-4425-0(74800)
ISBN 978-89-255-4354-3(세트)

값 **12,800원**

원작 만화로 보는 그리스 로마 신화(가나출판사)
이광진 엮음, 홍은영 그림
명화 구입처 유로크레온(주)